MySQL

Sommario

Premessa

I sistemi di gestione dei database sono gli schedari elettronici che aiutano individui e organizzazioni a gestire la massa di informazioni che elaborano ogni giorno. Con un database ben progettato, le informazioni possono essere facilmente archiviate, aggiornate, accessibili e fascicolate. Ad esempio, una società di spedizioni può utilizzare un database per registrare i dati associati a ciascuna spedizione, come mittente e destinatario, origine e destinazione, tempi di spedizione e consegna, posizione corrente e spese di spedizione.

Alcune di queste informazioni devono essere aggiornate man mano che la spedizione procede. Lo stato corrente di una spedizione può essere letto dal database in qualsiasi momento e i dati su tutte le spedizioni possono anche essere riepilogati in report.

Il Web ha ispirato una nuova generazione di utilizzo dei database. Ora è molto facile sviluppare e pubblicare applicazioni multiutente che non richiedono l'installazione di alcun software personalizzato sul computer di ogni utente.

L'aggiunta di un database a un'applicazione Web consente la raccolta e l'utilizzo automatico delle informazioni. Ad esempio, un cliente può visitare un sito di acquisti online, vedere cosa c'è in magazzino, effettuare un ordine, inviare le informazioni di pagamento e tenere traccia dell'ordine fino alla consegna della merce. Può anche effettuare ordini in modo anticipato per prodotti che non sono disponibili, inviare recensioni e partecipare a discussioni sugli articoli che ha acquistato.

Se tutto va bene, il personale del sito non ha bisogno di intervenire in nessuna di queste azioni; minore è l'intervento del personale richiesto durante il normale funzionamento, più scalabile è l'applicazione per un gran numero di utenti. Il personale è quindi libero di svolgere compiti ben più produttivi, come monitorare le vendite e le scorte in tempo reale e progettare promozioni speciali basate sulle vendite dei prodotti.

Personalmente sono sempre stato interessato ad utilizzare i computer come strumento per rendere le cose più veloci, più efficienti e più efficaci. Negli ultimi anni ho ripetutamente scoperto che il sistema di gestione del database MySQL insieme ai linguaggi di programmazione PHP e Perl, forniscono una piattaforma perfetta per applicazioni serie come la gestione dei record di ricerca, così come quelle non così serie che riguardano la lotteria dell'ufficio per esempio.

Lungo la strada, abbiamo imparato molte lezioni che vorremmo trasmettere e questo libro contiene i suggerimenti che secondo me la maggior parte dei lettori troverà utili su base giornaliera. Questo libro è principalmente per le persone che non sanno molto sulla distribuzione e sull'utilizzo di un vero sistema di gestione di database o sullo sviluppo di applicazioni che utilizzano un database.

Forniamo un'introduzione ai database relazionali, al sistema di gestione dei database MySQL, allo Structured Query Language (SQL) e non solo. Vedremo anche del materiale un po' più avanzato che sarà di interesse anche per utenti esperti di database.

I lettori che usano, hanno già usato o conoscono questi argomenti dovrebbero essere in grado di utilizzare questo libro per accrescere le loro conoscenze e approfondire la loro comprensione di MySQL, in particolare e, delle tecniche per i database in generale.

Capitolo 1: Cos'è MySQL?

MySQL (pronunciato "My Ess Cue Ell") è molto più di un "database open source molto popolare nel mondo", come affermano gli sviluppatori della società MySQL AB. Questo database di dimensioni modeste ha introdotto milioni di utenti di computer e ricercatori dilettanti di tutti i giorni nel mondo dei potenti sistemi di informazione. MySQL è un concorrente relativamente recente nell'area consolidata dei sistemi di gestione di database relazionali (RDBM), un concetto inventato dal ricercatore IBM Edgar Frank Codd nel 1970.

Nonostante l'arrivo di nuovi tipi di repository di dati negli ultimi 35 anni, i database relazionali rimangono i cavalli di battaglia del mondo dell'informazione. Consentono agli utenti di rappresentare relazioni sofisticate tra elementi di dati e di calcolare queste relazioni con la velocità necessaria per prendere decisioni fondamentali.

È impressionante come si possa passare dalla progettazione all'implementazione in poche ore e con quanta facilità si possano sviluppare applicazioni web per accedere a terabyte di dati e servire migliaia di utenti web al secondo. Che tu stia offrendo prodotti su un sito web, conducendo un sondaggio scientifico o semplicemente cercando di fornire dati utili alla tua classe, al circolo ciclistico o ad un'organizzazione religiosa, MySQL ti consente di iniziare rapidamente e ti consente di aumentare i tuoi servizi comodamente nel tempo.

La sua facilità di installazione e utilizzo ha portato l'analista multimediale Clay Shirky ad attribuire a MySQL il merito di guidare un tipo completamente nuovo di sistema informativo che chiama "software situato" - software personalizzato che può essere facilmente progettato e costruito per applicazioni di nicchia.

In questo libro, forniamo istruzioni per aiutarti a configurare MySQL e il relativo software. Ti insegneremo il linguaggio SQL (Structured Query Language), che viene utilizzato per inserire, recuperare e manipolare i dati.

Forniremo anche un tutorial sulla progettazione del database, spiegheremo come configurare MySQL per una maggiore sicurezza e ti offriremo suggerimenti avanzati su come ottenere ancora di più dai tuoi dati.

Perché MySQL è così popolare?

Il processo di sviluppo di MySQL si concentra sull'offerta di un'implementazione molto efficiente delle funzionalità di cui la maggior parte delle persone ha bisogno. Ciò significa che MySQL ha meno funzionalità rispetto al suo principale concorrente open source, PostgreSQL o ai motori di database commerciali. Tuttavia, le competenze che ottieni da questo libro ti saranno utili su qualsiasi piattaforma.

Molti sistemi di gestione di database, anche quelli open source, hanno preceduto MySQL. Perché MySQL è stata la scelta per così tanti principianti e piccoli siti? Perché ora viene adottato anche per utenti di database pesanti nel governo e nell'industria?

Possiamo suggerire alcuni fattori: dimensioni e velocità. MySQL può essere eseguito su hardware molto modesto e non richiede molte risorse di sistema; molti piccoli utenti forniscono informazioni alle loro organizzazioni eseguendo MySQL su semplici sistemi desktop. La velocità con cui può recuperare le informazioni lo ha reso un favorito di lunga data degli amministratori web.

Negli ultimi anni, MySQL AB ha affrontato la necessità di soddisfare siti più grandi aggiungendo funzionalità che necessariamente rallentano il recupero ma il suo design modulare consente di ignorare le funzionalità avanzate e mantenere l'elasticità e la velocità per cui MySQL è famoso.

Anche grazie al fatto che MySQL è piccolo e veloce, funziona nel modo in cui la maggior parte delle persone desidera direttamente "out-of-the-box". Può essere installato senza configurazioni difficili e sofisticate e, ora che molte distribuzioni Linux includono MySQL, l'installazione può essere quasi automatica.

Questo non significa che MySQL sia privo di attività amministrative. In particolare, tratteremo alcune cose che devi fare all'inizio per rafforzare la sicurezza ma, tuttavia, in questo libro viene mostrata pochissima configurazione, il che è un tributo alla praticità e alle qualità naturali del motore di database.

Come spiegheremo in seguito, esistono più standard nel mondo dei database relazionali ed è impossibile rivendicare la totale conformità. L'apprendimento di MySQL ti prepara sicuramente a passare ad altri motori di database, infatti, spostare il codice da un motore di database a un altro non è mai banale ma MySQL svolge un lavoro ragionevole nel fornire un ambiente standard e migliora man mano che sviluppa più funzionalità.

Con poche centinaia di dipendenti sparsi in tutto il mondo, MySQL AB è un'organizzazione molto flessibile che tiene costantemente sotto controllo le esigenze degli utenti. Alle sue conferenze, i lead developer si rendono disponibili a tutti coloro che hanno una lamentela o una nuova idea.

Esistono anche gruppi di utenti MySQL in quasi tutte le principali città e questa reattività è aiutata dal fatto che MySQL è open-source e gratuito; qualsiasi programmatore sufficientemente esperto può esaminare il codice del programma per trovare e forse aiutare a risolvere i problemi.

MySQL ha in realtà un approccio a doppia licenza: se vuoi costruire il tuo prodotto attorno ad esso, paghi a MySQL AB una tassa

di licenza. Se desideri utilizzare MySQL solo per fornire i tuoi dati, non devi pagare il canone di licenza. MySQL offre anche supporto tecnico, così come numerose altre società e consulenti, alcuni dei quali probabilmente vicino a te.

È facile usare MySQL come parte di un sistema software più ampio, ad esempio, puoi scrivere programmi che possono interagire direttamente con un database MySQL. La maggior parte dei principali linguaggi di programmazione dispone di librerie di funzioni da utilizzare con MySQL; inclusi C, PHP, Perl, Python, Ruby, Java e i linguaggi Microsoft .NET. MySQL supporta anche lo standard ODBC (Open Database Connectivity), rendendolo accessibile anche quando la funzionalità specifica di MySQL non è disponibile.

Structured Query Language

Ad IBM deve essere attribuita non solo l'invenzione del database relazionale ma lo sviluppo del linguaggio utilizzato ancora oggi per interagire con tali database. SQL è un po' strano, porta i segni stilistici del suo tempo e dei suoi sviluppatori.

È anche diventato piuttosto gonfio nel corso degli anni, un processo aggravato dal fatto che è stato standardizzato più volte ma in questo libro ti mostreremo gli elementi essenziali di cui hai veramente bisogno e ti aiuteremo a conoscerli bene.

SQL mostra molti dei problemi che sono comunemente attribuiti agli standard informatici: cercare di fare troppo, forzare nuove funzionalità per mantenere la compatibilità con le versioni precedenti e riflettere scomodi compromessi e compromessi tra potenti fornitori.

Di conseguenza, esistono diversi standard a cui possono aderire i sistemi di gestione dei database. SQL-92 risale al 1992 e fornisce praticamente tutto ciò di cui avrete bisogno per iniziare a lavorare. Tuttavia, manca delle funzionalità richieste da alcune applicazioni moderne. SQL: 1999 è stato standardizzato nel 1999 e aggiunge un numero enorme di nuove funzionalità, molte delle quali considerate eccessive da alcuni esperti. Esiste anche uno standard più recente, SQL: 2003, pubblicato nel 2003 e aggiunge il supporto per i dati XML.

Ogni team di sviluppo deve decidere i compromessi tra le funzionalità richieste dagli utenti e la necessità di mantenere il software veloce e robusto quindi i motori di database generalmente non sono completamente conformi a nessuno standard.

In questo libro, ti mostreremo come utilizzare la versione SQL di MySQL per creare database e archiviare e modificare i dati. Ti mostreremo anche come utilizzare questa variante SQL per amministrare il server MySQL e i suoi utenti.

Capitolo 2: Installazione

Imparare MySQL è più semplice se hai un server di database installato sul tuo computer. Amministrando il tuo server, puoi andare oltre le query e imparare a gestire utenti e privilegi, configurare il server e sfruttare al meglio le sue funzionalità. I passaggi necessari per installare MySQL non sono fondamentali anche perché sono guidati in ogni piattaforma, l'importante è saper configurare MySQL, che è utile quando devi distribuire le tue applicazioni altrove.

MySQL è disponibile in diverse forme e per molti sistemi operativi. Il modo in cui scegli di installarlo dipende da ciò che vuoi fare, da quanto sei sicuro di usare l'ambiente del tuo sistema operativo e dal livello di privilegi che hai sul tuo sistema.

Se prevedi di utilizzare l'installazione solo per l'apprendimento e lo sviluppo e non per un sito di produzione, hai una scelta più ampia e non devi preoccuparti così tanto della sicurezza e delle prestazioni. Descriveremo i modi più comuni per installare il software di cui hai bisogno.

È possibile trovare i programmi MySQL pronti per l'uso (noti come binari) sul sito Web MySQL. È inoltre possibile scaricare il codice sorgente di MySQL dal sito Web di MySQL e preparare o compilare personalmente i programmi eseguibili. Compilando da soli, ci si assicura di avere la versione più aggiornata del software e si può ottimizzare l'output del compilatore per le proprie esigenze particolari, tuttavia, questo è dedicato ad utenti esperti.

Il manuale di MySQL dice che puoi ottenere un aumento delle prestazioni fino al 30 percento se compili il codice con le impostazioni ideali per il tuo ambiente.

Tuttavia, questo può essere un processo noioso e soggetto a errori, quindi ti suggeriamo di usare i file binari già pronti a meno che tu non abbia esperienza e abbia davvero bisogno di spremere ogni grammo di prestazioni dal tuo server. Compilare da sorgenti in Windows e Mac OS X è ancora più complicato, quindi non è un approccio comune e non ne discuteremo in questo libro.

Puoi anche installare MySQL come parte di un pacchetto integrato che include il software Apache, PHP e Perl. L'utilizzo di un pacchetto integrato consente di seguire una procedura guidata di installazione passo a passo. Questo approccio risulta più facile che integrare pacchetti autonomi, infatti, molti dei pacchetti integrati includono altri strumenti che consentono di modificare i file di configurazione, lavorare con MySQL o avviare e arrestare comodamente i servizi.

Sfortunatamente, molti dei pacchetti integrati hanno versioni inferiori rispetto alla versione corrente di MySQL e potrebbero non includere tutte le librerie PHP di cui hai bisogno. Un altro svantaggio è che un pacchetto integrato non si adatta sempre alla configurazione corrente; per esempio, anche se hai già un'installazione MySQL, ne riceverai un'altra come parte del pacchetto integrato e dovrai fare attenzione a evitare conflitti.

Nonostante gli svantaggi, ti consigliamo di seguire questo approccio. Sono disponibili diversi pacchetti integrati; riteniamo che XAMPP sia probabilmente il miglior prodotto di questi. XAMPP include MySQL, il server web Apache con supporto PHP e Perl e altri software utili come phpMyAdmin.

Ti consigliamo di iniziare utilizzando XAMPP se hai intenzione di creare un sito Web o imparare anche PHP o Perl. I pacchetti software necessari, MySQL, Apache, PHP e Perl, sono disponibili pronti per l'installazione su molti sistemi operativi e possono essere compilati per essere eseguiti su un gran numero di altri.

Se invece vuoi solo imparare ad usare MySQL, puoi scaricare i file di installazione dal sito MySQL ed installarlo grazie alla configurazione guidata. È probabile che tu stia utilizzando uno dei tre principali sistemi operativi: Linux, Windows o Mac OS X. Dal momento che sono tutti supportati, scegli il file appropriato per la tua piattaforma dal sito Web.

Cosa sarà installato?

È necessario padroneggiare diverse competenze per eseguire un sistema di database. In questa sezione, illustreremo cosa implica l'utilizzo di MySQL e cosa verrà installato. Un'installazione MySQL ha due componenti: un server che gestisce i dati e uno o più client che chiedono al server di eseguire operazioni con i dati, come modificare voci o fornire report.

Il client che probabilmente utilizzerai più spesso è il programma MySQL Shell che è disponibile nella maggior parte delle installazioni MySQL. Ciò consente di connettersi a un server MySQL ed eseguire query SQL. Altri client sono inclusi in un'installazione tipica; ad esempio, il programma mysqladmin è un client che consente di eseguire varie attività di amministrazione del server.

In effetti, qualsiasi programma che sappia come dialogare con il server MySQL è un client; un programma per un sito di shopping Web o un'applicazione per generare grafici di vendita per un team di marketing possono essere entrambi clienti.

Sebbene il server web e il server MySQL siano programmi separati e possano essere eseguiti su computer separati, è comune trovare implementazioni di piccola e media scala che hanno entrambi in esecuzione su un singolo computer.

Per seguire il contenuto di questo libro, avrai bisogno di un software; fortunatamente, tutto il software che utilizziamo è open source, gratuito per uso non commerciale e facilmente scaricabile da Internet.

Per coprire tutte le parti di questo libro, è necessario un server database MySQL, Perl e un server web in grado di comunicare con MySQL utilizzando i linguaggi di programmazione PHP e Perl.

Ecco quattro aspetti fondamentali da tenere a mente:

- Server MySQL: sistema che gestisce le elaborazioni.
- SQL: questo è il cuore dell'utilizzo di MySQL nonché l'argomento principale di questo libro.
- Linguaggi di programmazione: SQL non è un linguaggio semplice o intuitivo e può essere noioso eseguire ripetutamente operazioni complesse. È invece possibile utilizzare un linguaggio di programmazione generico come PHP o Perl per creare ed eseguire automaticamente query

SQL sul server MySQL. Puoi anche nascondere i dettagli dell'interazione con il database dietro un'interfaccia user-friendly.

- Applicazioni di database per il Web: puoi utilizzare PHP o Perl per creare applicazioni Web dinamiche basate su database in grado di pubblicare informazioni dal database sul Web e acquisire informazioni fornite dagli utenti.

Capitolo 3: Gestione utenti

Assumendo che tu abbia già installato MySQL o MariaDB (è un fork di MySQL) sul tuo sistema. Tutti i comandi verranno eseguiti come utente root.

Per aprire il prompt di MySQL, digita il seguente comando e inserisci la password dell'utente root MySQL quando richiesto:

```
mysql -u root -p
```

Creazione di un nuovo account

Un account utente in MySQL è costituito da un nome utente e da parti del nome host. Per creare un nuovo account utente MySQL, esegui il seguente comando, sostituendo semplicemente "utente_db" con il nome dell'utente che desideri creare:

```
CREATE    USER    'utente_db'@'localhost'
IDENTIFIED BY 'password';
```

Nel comando sopra abbiamo impostato la parte del nome host su localhost, il che significa che questo utente sarà in grado di connettersi al server MySQL solo dal localhost (cioè dal sistema in cui viene eseguito MySQL Server). Se vuoi concedere l'accesso da un altro host, cambia semplicemente l'host locale con l'IP della macchina remota o usa il carattere jolly '%' per la parte host, il che significa che l'account utente sarà in grado di connettersi da qualsiasi host.

Come quando si lavora con i database per evitare errori quando si tenta di creare un account utente già esistente, è possibile utilizzare:

```
CREATE      USER    IF     NOT    EXISTS
'utente_db'@'localhost'    IDENTIFIED   BY
'password';

Query OK, 0 rows affected, 1 warning (0.00
sec)
```

Modifica la password di un account

La sintassi per modificare la password di un account utente MySQL o MariaDB dipende dalla versione del server in esecuzione sul sistema. Puoi trovare la versione del tuo server immettendo il seguente comando:

```
mysql --version
```

Se hai MySQL 5.7.6 e versioni successive o MariaDB 10.1.20 e versioni successive, per modificare la password usa il seguente comando:

```
ALTER    USER    'utente_db'@'localhost'
IDENTIFIED BY 'nuova_password';
```

Se hai MySQL 5.7.5 e versioni precedenti o MariaDB 10.1.20 e versioni precedenti, utilizza:

```
SET               PASSWORD                FOR
'utente_db'@'localhost'=PASSWORD('nuova_
password');
```

In entrambi i casi, l'output dovrebbe essere simile a questo:

```
Query OK, 0 rows affected (0.00 sec)
```

Elencare tutti gli account utente

Puoi elencare tutti gli account utente MySQL o MariaDB interrogando la tabella `mysql.user`:

```
SELECT user, host FROM mysql.user;
```

L'output dovrebbe essere simile al seguente:

```
+-------------------+-----------+
| user              | host      |
+-------------------+-----------+
| utente_db         | %         |
| utente_db         | localhost |
| debian-sys-maint  | localhost |
| mysql.session     | localhost |
| mysql.sys         | localhost |
| root              | localhost |
```

```
+------------------+-----------+
```

6 rows in set (0.00 sec)

Eliminare un account utente

Per eliminare un account utente, utilizza il seguente comando:

```
DROP USER 'utente_db @' localhost ';
```

Se provi a eliminare un account utente che non esiste, si verificherà un errore.

```
ERROR 1396 (HY000): Operation DROP USER
failed for "utente_db"@"localhost"
```

Come quando lavori con i database per evitare questo errore puoi usare:

```
DROP        USER        IF        EXISTS
'utente_db'@'localhost';

Query OK, 0 rows affected, 1 warning (0.00
sec)
```

Autorizzazioni per account

Esistono più tipi di privilegi che possono essere concessi ad un account utente. In questa guida esamineremo diversi esempi, ad esempio, per concedere tutti i privilegi a un account utente su un database specifico, utilizza il comando seguente:

```
GRANT ALL PRIVILEGES ON nome_db.* TO
'utente_db'@'localhost';
```

Per estendere tutti i privilegi a un account utente su tutti i database, utilizzare il comando seguente:

```
GRANT ALL PRIVILEGES ON *.* TO
'utente_db'@'localhost';
```

Per estendere tutti i privilegi a un account utente su una tabella specifica da un database, utilizza il comando seguente:

```
GRANT       ALL       PRIVILEGES      ON
nome_db.nome_tabella                  TO
'utente_db'@'localhost';
```

Se desideri concedere solo privilegi specifici a un account utente su un tipo di database specifico:

```
GRANT SELECT, INSERT, DELETE ON nome_db.*
TO 'utente_db'@'localhost';
```

Revocare le autorizzazioni

Se è necessario revocare uno o più privilegi o tutti i privilegi da un account utente, la sintassi è quasi identica a quella appena analizzata. Ad esempio, se desideri revocare tutti i privilegi da un account utente su un database specifico, utilizza il seguente comando:

```
REVOKE ALL PRIVILEGES ON nome_db.* TO
'utente_db'@'localhost';
```

Per trovare i privilegi concessi a un tipo di account utente MySQL specifico:

```
SHOW GRANTS FOR "utente_db"@"localhost";

+-------------------------------------------
------------------------------------+

|   Grants   for   database_user@localhost
|

+-------------------------------------------
------------------------------------+
```

```
| GRANT      USAGE     ON      *.*      TO
'utente_db'@'localhost'
|

| GRANT ALL PRIVILEGES ON `nome_db`.* TO
'utente_db'@'localhost'   |

+---------------------------------------
------------------------------------+
```

2 rows in set (0.00 sec)

Questa sezione copre solo le basi ma dovrebbe essere un buon inizio per gestire il database MySQL e gli utenti dalla riga di comando. L'importante è non dimenticare mai la password dell'utente root perché si tratta di un superutente perché ha alti privilegi ed è per questo che può fare di tutto.

Capitolo 4: Tipi di dati

La definizione corretta dei campi in una tabella è importante per l'ottimizzazione complessiva del database. Dovresti usare solo il tipo e la dimensione del campo di cui necessiti. Ad esempio, non definire un campo largo 10 caratteri, se sai che utilizzerai solo 2 caratteri. Questi tipi di campi (o colonne) sono anche indicati come tipi di dati. MySQL utilizza molti diversi tipi di dati suddivisi in tre categorie:

- Numerico
- Data e ora
- Stringhe

Tipi di dati numerici

MySQL utilizza tutti i tipi di dati numerici ANSI SQL standard, quindi se hai usato un diverso sistema di database, queste definizioni ti sembreranno familiari. Il seguente elenco mostra i tipi di dati numerici comuni e le loro descrizioni:

- INT - Un numero intero di dimensioni normali che può essere con o senza segno. Se con segno, l'intervallo consentito è compreso tra -2147483648 e 2147483647. Altrimenti, l'intervallo consentito è compreso tra 0 e 4294967295. È possibile specificare una larghezza fino a 11 cifre.

- TINYINT - Un numero intero molto piccolo che può essere con o senza segno. Se con segno, l'intervallo consentito è compreso tra -128 e 127. Altrimenti, l'intervallo consentito è compreso tra 0 e 255. È possibile specificare una larghezza fino a 4 cifre.

- SMALLINT - Un piccolo numero intero che può essere con o senza segno. L'intervallo consentito è compreso tra -32768 e 32767 oppure tra 0 e 65535. È possibile specificare un'ampiezza fino a 5 cifre.

- MEDIUMINT - Un numero intero di medie dimensioni che può essere con o senza segno. Se con segno, l'intervallo consentito è compreso tra -8388608 e 8388607. Altrimenti, l'intervallo consentito è compreso tra 0 e 16777215. È possibile specificare una larghezza fino a 9 cifre.

- BIGINT - Un numero intero grande che può essere con o senza segno. L'intervallo consentito va da -

9223372036854775808　　　　　a
9223372036854775807 oppure da 0 a
18446744073709551615. È possibile
specificare una larghezza fino a 20
cifre.

- FLOAT (M, D) - Un numero a virgola
  mobile che non può essere senza
  segno. È possibile definire la
  lunghezza della parte intera (M) e il
  numero dei decimali (D). Questi
  parametri sono opzionali e, se non
  impostati, saranno pari a 10,2, dove 2
  è il numero di decimali e 10 è il numero
  totale di cifre (compresi i decimali). La
  precisione decimale può arrivare a 24
  posizioni per un FLOAT.

- DOUBLE (M, D) - Un numero a virgola
  mobile a doppia precisione che non
  può essere deselezionato. È possibile
  definire la lunghezza della parte intera
  (M) e il numero di decimali (D). Il valore

predefinito sarà 16,4 dove 4 è il numero di decimali. La precisione decimale può arrivare a 53 posizioni per un DOUBLE. REAL è sinonimo di DOUBLE.

- DECIMAL (M, D) - Un numero a virgola mobile che non può essere senza segno. In questo tipo, ogni decimale corrisponde a un byte ed è necessario definire la lunghezza della parte intera (M) e il numero dei decimali (D). NUMERIC è sinonimo di DECIMAL.

Tipi di data e ora

I tipi per data e ora di MySQL sono i seguenti:

- DATE: una data nel formato AAAA-MM-GG, compresa tra 1000-01-01 e 9999-12-31. Ad esempio, il 30 dicembre 1973 verrebbe memorizzato come 1973-12-30.

- DATETIME - Una combinazione di data e ora nel formato AAAA-MM-GG HH:MM:SS, tra 1000-01-01 00:00:00 e 9999-12-31 23:59:59. Ad esempio, le 3:30 del pomeriggio del 30 dicembre 1973 verranno memorizzate come 1973-12-30 15:30:00.

- TIMESTAMP - Un timestamp tra la mezzanotte del 1° gennaio 1970 e il 2037. Questo sembra simile al precedente formato DATETIME ma è senza i trattini tra i numeri. Le 3:30 del pomeriggio del 30 dicembre 1973 sarebbero Stato memorizzate come 19731230153000 (AAAAMMGGHHMMSS).

- TIME - Memorizza l'ora nel formato HH:MM:SS.

- YEAR (M) - Memorizza un anno in un formato a 2 o 4 cifre. Se la lunghezza è specificata come 2 (ad esempio YEAR (2)), YEAR può essere compresa tra 1970 e 2069 (70 e 69). Se la lunghezza è specificata come 4, YEAR può essere compreso tra 1901 e 2155. La lunghezza predefinita è 4.

Stringhe

Sebbene i tipi numerici e date siano divertenti, la maggior parte dei dati che memorizzerai sarà in un formato stringa. Questo elenco descrive i tipi di dati di stringa comuni in MySQL.

- CHAR (M) - Una stringa di lunghezza fissa compresa tra 1 e 255 caratteri (ad esempio CHAR (5)), riempita con spazi a destra fino alla lunghezza specificata. Non è necessario definire una lunghezza e il valore predefinito è 1.
- VARCHAR (M) - Una stringa di lunghezza variabile compresa tra 1 e 255 caratteri. Ad esempio, VARCHAR (25). È necessario definire una

lunghezza durante la creazione di un campo VARCHAR.

- BLOB o TESTO: un campo con una lunghezza massima di 65535 caratteri. I BLOB sono "oggetti binari di grandi dimensioni" e vengono utilizzati per memorizzare grandi quantità di dati binari, come immagini o altri tipi di file. I campi definiti come TEXT contengono anche grandi quantità di dati. La differenza tra i due è che gli ordinamenti e i confronti sui dati memorizzati fanno distinzione tra maiuscole e minuscole sui BLOB e non sono sensibili al maiuscolo / minuscolo nei campi TEXT. Non si specifica una lunghezza con BLOB o TEXT.

- TINYBLOB o TINYTEXT: una colonna BLOB o TEXT con una lunghezza massima di 255 caratteri. Non si specifica una lunghezza con TINYBLOB o TINYTEXT.

- MEDIUMBLOB o MEDIUMTEXT - Un BLOB o TEXT con una lunghezza massima di 16777215 caratteri. Non si specifica una lunghezza con MEDIUMBLOB o MEDIUMTEXT.

- LONGBLOB o LONGTEXT: una colonna BLOB o TEXT con una lunghezza massima di 4294967295 caratteri. Non si specifica una lunghezza con LONGBLOB o LONGTEXT.

- ENUM - Un'enumerazione, che è un termine di fantasia per una lista. Quando si definisce un ENUM, si crea un elenco di elementi da cui è necessario selezionare il valore (che può anche essere NULL). Ad esempio, se desideri che il tuo campo contenga "A" o "B" o "C", definiresti ENUM come

ENUM ('A', 'B', 'C') e solo quei valori (o NULL) potrebbero popolare il campo così definito.

Capitolo 5: Tabelle ed operazioni

Una tabella di database è una matrice bidimensionale composta da righe e colonne. È possibile creare una tabella utilizzando il comando CREATE TABLE. All'interno del comando, specifichi il nome e il tipo di dati di ogni colonna. Dopo aver creato una tabella, puoi iniziare a caricarla con i dati. Se i requisiti cambiano, è possibile modificare la struttura di una tabella utilizzando il comando ALTER TABLE. Se una tabella non è più utile o diventa obsoleta, puoi eliminarla con il comando DROP TABLE. Le varie forme dei comandi CREATE e ALTER, insieme al comando DROP, costituiscono il DDL (Data Definition Language) di SQL.

Supponi di essere un progettista di database e non vuoi che le tabelle del tuo database diventino confuse quando apporti modifiche nel corso del tempo. Decidi di strutturare le tabelle del database in base ad una forma normalizzata per garantire il mantenimento dell'integrità dei dati.

La normalizzazione, un ampio campo di studio a sé stante, è un modo per strutturare le tabelle del database in modo che gli aggiornamenti non introducano anomalie. Ogni tabella che crei contiene colonne che corrispondono ad attributi strettamente collegati tra loro. È possibile, ad esempio, creare una tabella CLIENTE con gli attributi CLIENTE.CLIENTEID, CLIENTE.Nome, CLIENTE.Cognome, CLIENTE.Via, CLIENTE.Citta, CLIENTE.Stato, CLIENTE.CAP e CLIENTE.Telefono.

Tutti questi attributi sono più strettamente correlati all'entità cliente che a qualsiasi altra entità in un database che può contenere molte tabelle. Questi attributi contengono tutte le informazioni sui clienti relativamente permanenti che l'organizzazione conserva in archivio.

La maggior parte dei sistemi di gestione di database fornisce uno strumento grafico per la creazione di tabelle di database. È inoltre possibile creare tali tabelle utilizzando un comando SQL. L'esempio seguente mostra un comando che crea la tabella CLIENTE:

```
CREATE TABLE CLIENTE (

CLIENTEID INT NOT NULL AUTO_INCREMENT,

Nome CHARACTER (15),

Cognome CHARACTER (20) NOT NULL,

Via CHARACTER (25),
```

```
Citta CHARACTER (20),

Stato CHARACTER (2),

CAP INTEGER,

Telefono CHARACTER (13));
```

Per ogni colonna, bisogna specificare il nome (ad esempio CLIENTEID), il tipo di dati (ad esempio, INTEGER) e possibilmente uno o più vincoli (ad esempio, NOT NULL).

Se l'implementazione SQL che usi non implementa completamente SQL 2003, la sintassi che devi usare potrebbe differire da quella fornita in questo libro quindi fai riferimento alla documentazione del tuo DBMS per informazioni specifiche.

Supponi di dover creare un database per la tua organizzazione. Eccitato dalla prospettiva di costruire una struttura utile, preziosa e di grande importanza per il futuro della tua azienda, ti siedi al tuo computer e inizi a inserire i comandi CREATE. Vero? Beh, no. In effetti, questa è una ricetta per il disastro.

Molti progetti di sviluppo di database vanno male fin dall'inizio poiché l'entusiasmo supera un'attenta pianificazione. Anche se hai un'idea chiara di come strutturare il tuo database, scrivi tutto su carta.

Vediamo come inserire i dati in una tabella:

```
INSERT INTO CLIENTE ('MARIO', 'ROSSI',
'VIA PIPPO', 'MILANO', 'IT', 20121,
'3331122333');
```

In realtà ho commesso un errore, si tratta di Antonio Rossi e non Mario quindi possiamo aggiornare la tabella come segue:

```
UPDATE CLIENTE SET Nome = 'Antonio' WHERE
ID = 1;
```

In tal caso abbiamo usato l'ID generato dalla query di inserimento dei dati.

Infine, eliminiamo la riga e, successivamente, la tabella CLIENTE:

```
DELETE FROM CLIENTE WHERE ID = 1;

DROP TABLE CLIENTE;
```

Come puoi vedere, la clausola WHERE ci consente di identificare una condizione da usare per la nostra query. Nel caso specifico abbiamo utilizzato l'ID per selezionare una riga ma avremmo potuto usare altre colonne per selezionare un determinato nome, cognome, CAP ecc.

Capitolo 6: Normalizzazione

Nel capitolo precedente abbiamo introdotto la normalizzazione quindi vediamo in cosa consiste e come può esserci d'aiuto.

Cos'è la normalizzazione? La normalizzazione è una tecnica di progettazione di database che riduce la ridondanza dei dati ed elimina caratteristiche indesiderate come anomalie di inserimento, aggiornamento e cancellazione. Le regole di normalizzazione dividono le tabelle più grandi in tabelle più piccole e le collegano utilizzando le relazioni.

Lo scopo della normalizzazione in SQL è eliminare i dati ridondanti (ripetitivi) e garantire che i dati vengano archiviati in modo logico. L'inventore del modello relazionale Edgar Codd propose la teoria della normalizzazione dei dati con l'introduzione della prima forma normale e continuò ad estenderla con la seconda e, successivamente con la terza forma normale. In seguito, si è unito a Raymond F. Boyce per sviluppare la teoria della forma normale di Boyce-Codd.

Forme normali del database

Ecco un elenco di forme normali

- 1NF (prima forma normale)

- 2NF (seconda forma normale)

- 3NF (Terza forma normale)

- BCNF (forma normale di Boyce-Codd)

- 4NF (Quarta forma normale)

- 5NF (quinta forma normale)

- 6NF (sesta forma normale)

Nella maggior parte delle applicazioni pratiche, la normalizzazione dà il meglio di sé nella 3a forma normale.

Ecco le regole della 1NF (prima forma normale):

- Ogni cella della tabella deve contenere un singolo valore.

- Ogni record deve essere unico.

Una chiave (KEY) è un valore utilizzato per identificare un record in una tabella in modo univoco. Una KEY può essere una singola colonna o una combinazione di più colonne.

Nota bene: le colonne in una tabella che non vengono utilizzate per identificare un record in modo univoco sono chiamate colonne e non chiavi. Tuttavia, esistono delle chiavi particolari dette primarie.

Una chiave primaria è un valore di una singola colonna utilizzato per identificare un record di database in modo univoco e ha i seguenti attributi:

- Una chiave primaria non può essere NULL
- Un valore di chiave primaria deve essere univoco

- I valori della chiave primaria dovrebbero essere modificati raramente
- Alla chiave primaria deve essere assegnato un valore quando viene inserito un nuovo record

Una chiave composita è una chiave primaria composta da più colonne utilizzate per identificare un record in modo univoco.

Pertanto, abbiamo bisogno di almeno due colonne per identificare un record in modo univoco.

Passiamo alle regole della 2NF (Seconda forma normale):

- Essere in 1NF
- Chiave primaria a colonna singola

Per rispettare questa forma, talvolta, è necessario dividere la tabella in più tabelle soprattutto per rispettare la seconda condizione ed evitare chiavi composite. In tal caso si ricorre all'uso di un identificativo univoco per ogni record in ogni tabella.

Questo riporta ad una chiave esterna ovvero un riferimento alla chiave primaria di un'altra tabella. Ecco le sue caratteristiche:

- Una chiave esterna può avere un nome diverso dalla sua chiave primaria
- Assicura che le righe in una tabella abbiano righe corrispondenti in un'altra
- A differenza della chiave primaria, non devono essere univoche e infatti spesso non lo sono
- Le chiavi esterne possono essere nulle

Perché hai bisogno di una chiave esterna? Con una chiave esterna sarai in grado di inserire solo valori nella tua chiave esterna che esistono nella chiave univoca nella tabella di riferimento. Questo vincolo ti aiuta molto nel garantire l'integrità referenziale.

Qualora qualcuno cercasse di inserire un valore che non esiste nella tabella di riferimento, verrebbe mostrato un errore!

Prima di passare alla terza forma di normalizzazione è importante sapere cos'è una dipendenza funzionale transitiva. Essa si verifica quando si cambia una colonna che non è chiave e questo cambiamento può causare l'aggiornamento di un'altra colonna non chiave.

La terza forma normale prevede, infatti, che:

- sia rispettata la 2NF
- non ci siano dipendenze funzionali transitive

Nei database complessi sono normalmente necessari diversi sforzi per passare ai livelli successivi di normalizzazione dei dati. Tutto dipende da quanto siano ridondanti i dati e da quanto siano grandi e complesse le tabelle.

Capitolo 7: Recuperare i dati

L'istruzione SELECT consente di leggere i dati da una o più tabelle. Per scrivere un'istruzione SELECT in MySQL, segui questa sintassi:

```
SELECT colonna FROM nome_tabella;
```

Diamo un'occhiata a ciascuna parte della dichiarazione. Innanzitutto, si inizia con la parola chiave SELECT, che ha un significato speciale in MySQL. In questo caso, SELECT ordina a MySQL di recuperare i dati.

Successivamente, c'è uno spazio e quindi un elenco di colonne o espressioni che desideri mostrare nel risultato. Quindi, si trova la parola chiave FROM, lo spazio e il nome della tabella.

Infine, hai un punto e virgola alla fine della dichiarazione che è il delimitatore dell'istruzione, quindi, specifica la fine di un'istruzione. Se hai due o più istruzioni, usa il punto e virgola per separarle in modo che MySQL esegua ogni istruzione individualmente.

In questa istruzione, SELECT e FROM sono parole chiave e scritte con lettere maiuscole. Fondamentalmente, si tratta solo di formattazione ma le lettere maiuscole fanno risaltare le parole chiave. Poiché SQL non è un linguaggio che fa distinzione tra maiuscole e minuscole, puoi scrivere le parole chiave in minuscolo, ad esempio select e from, il codice verrà comunque eseguito.

È anche importante notare che la parola chiave FROM si può trovare su una nuova riga anche se MySQL non lo richiede. Tuttavia, l'inserimento della parola chiave FROM su una nuova riga rende la query più facile da leggere e più semplice da gestire.

Se volessimo recuperare tutte le righe di una tabella potremmo usare l'operatore *:

```
SELECT * FROM CLIENTE;
```

Questo operatore è denominato "star" o "seleziona tutto" proprio perché si selezionano tutti i dati da una tabella.

È buona norma utilizzare SELECT * solo per le query ad hoc. Se incorpori l'istruzione SELECT nel codice come PHP, Java, Python, Node.js, devi specificare esplicitamente il nome delle colonne da cui desideri ottenere i dati per i seguenti motivi:

- SELECT * restituisce i dati dalle colonne, compresi quelli che potresti non utilizzare. Produce flussi di I / O non necessari e traffico di rete tra il server di database MySQL e l'applicazione.

- Quando si specificano esplicitamente i nomi delle colonne, il set di risultati è prevedibile e più facile da gestire. Tuttavia, se utilizzi SELECT * e qualcuno cambia la tabella aggiungendo più colonne, ti ritroverai con un set di risultati diverso da quello che ti aspettavi.

- L'utilizzo di SELECT * può esporre informazioni sensibili a utenti non autorizzati.

Ordinamento

Puoi scegliere di ordinare i risultati in ordine ascendente o discendente in base ai valori di una colonna:

```
SELECT Nome FROM CLIENTE ORDER BY Nome
ASC;
```

In questo caso la ORDER BY consente l'ordinamento mentre ASC indica che i valori più bassi saranno in cima quindi l'ordinamento sarà dalla A alla Z. Per avere un ordinamento contrario, dalla Z alla A, è sufficiente usare la parola chiave DESC dopo la clausola ORDER BY.

È possibile ordinare anche in base a più colonne semplicemente separandole con una virgola come segue:

```
SELECT Nome FROM CLIENTE ORDER BY Nome,
Cognome ASC;
```

Limitare i risultati

La clausola LIMIT viene utilizzata nell'istruzione SELECT per limitare il numero di righe da restituire. La clausola LIMIT accetta uno o due argomenti e i valori di entrambi gli argomenti devono essere zero o numeri interi positivi.

Di seguito viene illustrata la sintassi della clausola LIMIT con due argomenti:

```
SELECT

    colonne

FROM

    nome_tabella

LIMIT [offset,] numero_righe;
```

In questa sintassi: l'offset specifica l'indice della prima riga da restituire. Ricorda che l'offset della prima riga è 0, non 1.

Il numero_righe specifica il numero massimo di righe da restituire.

Quando si utilizza la clausola LIMIT con un solo argomento, MySQL utilizzerà questo argomento per determinare il numero massimo di righe da restituire dalla prima riga del set di risultati.

Capitolo 8: Operatori relazionali

SQL è un linguaggio di query per database relazionali. Nei capitoli precedenti, abbiamo usato solo una tabella. È ora il momento di inserire la parte relazionale del database. Dopo tutto, i database relazionali sono così denominati perché sono costituiti da più tabelle correlate.

Poiché i dati in un database relazionale sono distribuiti su più tabelle, una query in genere estrae i dati da più di una tabella. SQL: 2003 dispone di operatori che combinano dati da più origini in un'unica tabella dei risultati. Questi sono gli operatori UNION, INTERSECT e MINUS, nonché una famiglia di operatori JOIN. Ogni operatore combina i dati di più tabelle in modo diverso.

UNION

L'operatore UNION è l'implementazione SQL dell'equivalente operatore dell'algebra relazionale. L'operatore UNION consente di trarre informazioni da due o più tabelle che hanno la stessa struttura. Avere la stessa struttura significa che le tabelle devono avere tutte lo stesso numero di colonne.

Le colonne corrispondenti devono avere tutte le stesse lunghezze e tipi di dati. Quando questi criteri sono soddisfatti, le tabelle sono compatibili con l'unione.

L'unione delle due tabelle ti darà una tabella dei risultati virtuale contenente tutte le righe nella prima tabella più tutte le righe nella seconda tabella. L'operatore UNION DISTINCT funziona in modo identico all'operatore UNION senza la parola chiave

DISTINCT. In entrambi i casi le righe duplicate vengono eliminate dal set di risultati.

Come accennato in precedenza, l'operazione UNION normalmente elimina tutte le righe duplicate risultanti dalla sua operazione, che è il risultato desiderato la maggior parte delle volte. A volte, tuttavia, potresti voler conservare le righe duplicate, in tal caso, usa UNION ALL.

```
SELECT * FROM TABELLA1

UNION ALL

SELECT * FROM TABELLA2;
```

INTERSECT

L'operatore INTERSECT è un operatore che restituisce solo righe distinte di due query o più query. Di seguito viene illustrata la sintassi dell'operatore INTERSECT:

```
(SELECT colonna FROM TABELLA1)

INTERSECT

(SELECT colonna FROM TABELLA2)
```

L'operatore INTERSECT confronta i set di risultati di due query e restituisce le righe distinte che vengono emesse da entrambe le query. Per utilizzare l'operatore INTERSECT per due query, segui queste regole:

- L'ordine e il numero di colonne nell'elenco di selezione delle query devono essere gli stessi

- I tipi di dati delle colonne corrispondenti devono essere compatibili

MINUS

MINUS confronta i risultati di due query e restituisce righe distinte dal set di risultati della prima query che non viene visualizzato nel set di risultati della seconda query. Di seguito viene illustrata la sintassi dell'operatore MINUS:

```
(SELECT colonna1 FROM TABELLA1)

MINUS

(SELECT colonna2 FROM TABELLA2)
```

Le regole di base per una query che utilizza l'operatore MINUS sono le seguenti:

- Il numero e l'ordine delle colonne sia in colonna1 che in colonna2 devono essere gli stessi.

- I tipi di dati delle colonne corrispondenti in entrambe le query devono essere compatibili.

JOIN

Gli operatori UNION, INTERSECT e MINUS sono utili nei database a più tabelle in cui le tabelle sono compatibili con l'unione. In molti casi, tuttavia, si desidera trarre dati da più tabelle che hanno ben poco in comune. JOIN è un operatore relazionale che combina i dati di più tabelle in un'unica tabella dei risultati.

Le tabelle di origine possono avere poco (o addirittura nulla) in comune tra loro e SQL:2003 supporta diversi tipi di JOIN. La JOIN migliore in una determinata situazione dipende dal risultato che stai cercando di ottenere.

Qualsiasi query tra più tabelle è un tipo di JOIN. Le tabelle di origine vengono unite nel senso che la tabella dei risultati include le informazioni prese da tutte le tabelle di origine. La JOIN più semplice è una SELECT a due tabelle che non ha qualificatori della clausola WHERE. Ogni riga della prima tabella è unita a ogni riga della seconda tabella. La tabella dei risultati è il prodotto cartesiano delle due tabelle di origine.

Il numero di righe nella tabella dei risultati è uguale al numero di righe nella prima tabella sorgente moltiplicato per il numero di righe nella seconda sorgente tavolo. Ad esempio, immagina di essere il responsabile del personale di un'azienda e che parte del tuo lavoro consista nel mantenere i registri dei dipendenti.

La maggior parte dei dati dei dipendenti, come l'indirizzo di casa e il numero di telefono, non è particolarmente sensibile. Ma alcuni dati, come lo stipendio, dovrebbero essere disponibili solo al personale autorizzato. Per mantenere la sicurezza delle informazioni sensibili, puoi tenerle in una tabella separata protetta da password.

Quando cerchi di ottenere informazioni utili da un database con più tabelle, il prodotto cartesiano prodotto da una JOIN di base non è quasi mai quello che desideri, ma è quasi sempre il primo passo verso ciò che desideri. Applicando vincoli ad una JOIN con una clausola WHERE, è possibile filtrare le righe indesiderate:

```
SELECT *
FROM IMPIEGATO, COMPENSI
WHERE IMPIEGATO.ImpID =
COMPENSI.Impiegato;
```

Abbiamo appena creato una equi-join ovvero una join di base con una clausola WHERE contenente una condizione che specifica che il valore in una colonna della prima tabella deve essere uguale al valore di una colonna corrispondente nella seconda tabella.

Capitolo 9: Sicurezza

Un amministratore di sistema deve avere una conoscenza speciale di come funziona un database. La persona responsabile di un database può determinare chi ha accesso al database e può impostare i livelli di accesso degli utenti, concedendo o revocando l'accesso ad utenti del sistema. L'amministratore di sistema può anche concedere - o revocare - il diritto di concedere e revocare i privilegi di accesso.

Se usati correttamente, gli strumenti di sicurezza forniti da SQL sono potenti protettori di dati importanti. Utilizzati in modo errato, questi stessi strumenti possono legare gli sforzi degli utenti legittimi a un grosso nodo burocratico quando stanno semplicemente cercando di svolgere il proprio lavoro.

Poiché i database spesso contengono informazioni sensibili che non dovresti rendere disponibili a tutti, SQL fornisce diversi livelli di accesso, da completo a nessuno, con diversi livelli intermedi. Controllando le operazioni che ogni utente autorizzato può eseguire, l'amministratore del database può rendere disponibili tutti i dati di cui gli utenti hanno bisogno per svolgere il proprio lavoro, ma limitare l'accesso a parti del database che non tutti dovrebbero vedere o modificare.

Le istruzioni SQL utilizzate per creare database formano un gruppo noto come Data Definition Language (DDL). Dopo aver creato un database, è possibile utilizzare un altro set di istruzioni SQL, note collettivamente come DML (Data Manipulation Language), per aggiungere, modificare e rimuovere i dati dal database.

SQL include istruzioni aggiuntive che non rientrano in nessuna di queste categorie. I programmatori a volte si riferiscono a queste istruzioni collettivamente come DCL (Data Control Language). Le istruzioni DCL proteggono principalmente il database da accessi non autorizzati, da interazioni dannose tra più utenti di database e da interruzioni di corrente e malfunzionamenti delle apparecchiature.

SQL:2003 fornisce l'accesso controllato a nove funzioni di gestione del database:

- Creazione, visualizzazione, modifica ed eliminazione: queste funzioni corrispondono alle operazioni INSERT, SELECT, UPDATE e DELETE.

- Riferimenti: la parola chiave REFERENCES implica l'applicazione di vincoli di integrità referenziale a una tabella che dipende da un'altra tabella nel database.

- Utilizzo: la parola chiave USAGE riguarda domini, set di caratteri, regole di confronto e traduzioni.

- Definizione di nuovi tipi di dati: gestisci i nomi dei tipi definiti dall'utente con la parola chiave UNDER.

- Risposta a un evento: l'uso della parola chiave TRIGGER causa l'esecuzione di un'istruzione SQL o di un blocco di istruzioni ogni volta che si verifica un evento predeterminato.

- Esecuzione: l'utilizzo della parola chiave EXECUTE provoca l'esecuzione di una routine.

DBA

Nella maggior parte delle installazioni con più di pochi utenti, l'autorità suprema del database è l'amministratore del database (DBA). Il DBA dispone di tutti i diritti e privilegi per tutti gli aspetti del database. Essere un DBA può darti una sensazione di potere e responsabilità ma con tutta quella potenza a tua disposizione, puoi facilmente rovinare il tuo database e distruggere migliaia di ore di lavoro.

Gli amministratori di database devono pensare in modo chiaro e attento alle conseguenze di ogni azione che eseguono. Il DBA non solo ha tutti i diritti sul database ma controlla anche i diritti di cui dispongono gli altri utenti. In questo modo, le persone altamente affidabili possono accedere a più funzioni e, forse, a più tabelle, rispetto alla maggior parte degli utenti. Il modo migliore per diventare un DBA è installare il sistema di gestione del database.

Durante l'installazione viene fornito un account, o login, e una password. Tale login ti identifica come utente con privilegi speciali.

A volte, il sistema chiama questo utente privilegiato DBA, a volte amministratore di sistema e talvolta il superutente (utente root).

Come primo atto ufficiale dopo l'accesso, dovresti cambiare la tua password da quella predefinita con una segreta di tua proprietà. Se non modifichi la password, chiunque legga il manuale può accedere anche con i privilegi di DBA completi. Dopo aver modificato la password, solo le persone che conoscono la nuova password possono accedere come DBA.

Ti suggerisco di condividere la nuova password DBA solo con un numero limitato di persone altamente affidabili. Dopotutto, potresti vincere alla lotteria oppure potresti non essere disponibile per l'azienda in qualche altro modo quindi i tuoi colleghi devono essere in grado di andare avanti in tua assenza.

Chiunque conosca la login e la password del DBA diventa il DBA dopo aver utilizzato tali informazioni per accedere al sistema. Se si dispone dei privilegi DBA, devi accedere come DBA solo se è necessario eseguire un'attività specifica che richiede privilegi DBA. Al termine dell'attività ti consiglio di disconnetterti.

Per il lavoro di routine, accedi utilizzando l'ID di accesso e la password personali. Questo approccio potrebbe impedirti di commettere errori che hanno gravi conseguenze per le tabelle di altri utenti (oltre che per le tue).

Proprietario del DB

Un'altra classe di utenti privilegiati, insieme al DBA, è il proprietario dell'oggetto database. Le tabelle, ad esempio, sono oggetti di database e qualsiasi utente che crea un tale oggetto può specificarne il proprietario.

Il proprietario di una tabella gode di tutti i privilegi possibili associati a quella tabella, incluso il privilegio di concedere l'accesso alla tabella ad altre persone.

Poiché puoi impostare la visualizzazione sulle tabelle sottostanti, qualcuno diverso dal proprietario di una tabella può creare una visualizzazione basata sulla tabella di quel proprietario.

Tuttavia, il proprietario riceve solo i privilegi che normalmente ha per la tabella sottostante.

Capitolo 10: Proteggere i dati

Tutti hanno sentito parlare della Legge di Murphy – che di solito affermava: "Se qualcosa può andare storto, lo farà". Scherziamo su questa pseudo-legge perché la maggior parte delle volte le cose vanno bene. A volte, ci sentiamo fortunati perché non siamo toccati da una delle leggi fondamentali dell'universo. Quando sorgono problemi imprevisti, di solito riconosciamo cosa è successo e lo affrontiamo.

In una struttura complessa, il potenziale di problemi imprevisti aumenta (un matematico potrebbe dire che "aumenta approssimativamente come il quadrato della complessità"). Pertanto, i progetti software di grandi dimensioni vengono quasi sempre consegnati in ritardo e spesso sono carichi di bug. Un'applicazione DBMS multiutente e non banale è una struttura ampia e complessa.

Nel corso dell'operazione molte cose possono andare storte. Sono stati sviluppati metodi per ridurre al minimo l'impatto di questi problemi ma i problemi non possono mai essere eliminati completamente. Questa è una buona notizia per gli addetti alla manutenzione e riparazione di database professionali, perché probabilmente non sarà mai possibile automatizzarli senza lavoro.

I dati possono essere danneggiati o corrotti in vari modi. Anche istruzioni SQL formulate in modo inadeguato e applicazioni progettate in modo improprio possono danneggiare i dati e capire come non richiede molta immaginazione.

Due minacce relativamente ovvie - instabilità della piattaforma e guasti alle apparecchiature - possono anche cestinare i tuoi dati. Entrambi i rischi sono descritti in dettaglio in questa sezione, così come i problemi che possono essere causati dall'accesso simultaneo.

Instabilità della piattaforma

L'instabilità della piattaforma è una categoria di problemi che non dovrebbe nemmeno esistere, ma purtroppo esiste. È più diffusa quando si eseguono uno o più componenti nuovi e relativamente non provati nel sistema. I problemi possono nascondersi in una nuova versione di DBMS, una nuova versione del sistema operativo o un nuovo hardware. Condizioni o situazioni che non sono mai apparse prima si manifestano mentre esegui un lavoro critico, il tuo sistema si blocca e i tuoi dati sono danneggiati.

In tal caso non puoi fare molto se non sperare che il tuo ultimo backup sia stato buono. Non eseguire mai lavori di produzione importanti su un sistema con componenti non provate. Resisti alla tentazione di dedicare il tuo lavoro a una versione beta non testata della versione più recente e più ricca di funzioni del tuo DBMS o sistema operativo.

Se devi acquisire esperienza pratica con qualcosa di nuovo, fallo su una macchina completamente isolata dalla rete di produzione.

Malfunzionamento

Anche apparecchiature ben collaudate e altamente affidabili a volte si guastano, perdendo i dati. Tutto ciò che è fisico alla fine si logora, anche i computer moderni a stato solido. Se un tale errore si verifica mentre il database è aperto e attivo, è possibile perdere dati e talvolta (anche peggio) non rendersene conto.

Un tale fallimento accadrà prima o poi. Se la legge di Murphy sarà in vigore quel giorno, il fallimento avverrà nel momento peggiore possibile. Un modo per proteggere i dati dai guasti alle apparecchiature è la ridondanza. Conserva copie extra di tutto. Per la massima sicurezza, fai in modo che l'hardware duplicato sia configurato esattamente come il tuo sistema di produzione.

Cerca di avere sempre dei backup di database e applicazioni che possono essere caricati ed eseguiti quando necessario.

Se i vincoli di costo ti impediscono di duplicare tutto (il che raddoppia effettivamente i costi), assicurati almeno di eseguire il backup del database e delle applicazioni abbastanza frequentemente in modo che un errore imprevisto non richieda di reinserire una grande quantità di dati.

Un altro modo per evitare le peggiori conseguenze dei guasti alle apparecchiature è utilizzare l'elaborazione delle transazioni. Una transazione è un'unità di lavoro indivisibile in modo tale che o viene eseguita l'intera transazione o non viene eseguito nulla.

Se questo approccio tutto o niente sembra drastico, ricorda che i problemi peggiori sorgono quando una serie di operazioni di database viene elaborata solo parzialmente.

Transazioni

È possibile prendere precauzioni a diversi livelli per ridurre le possibilità di perdere dati a causa di qualche incidente o interazione imprevista. Puoi impostare il tuo DBMS per prendere alcune di queste precauzioni per te.

Come angeli custodi, le azioni precauzionali che intraprendi ti proteggono dal male e operano dietro le quinte; non li vedi e probabilmente non sai nemmeno che ti stanno aiutando. L'amministratore del database (DBA) può prendere altre precauzioni a sua discrezione.

In qualità di sviluppatore, puoi prendere precauzioni mentre scrivi il codice. Per evitare molti problemi, prendi l'abitudine di aderire automaticamente ad alcuni semplici principi in modo che siano sempre inclusi nel tuo codice o nelle tue interazioni con il tuo database:

- Usa transazioni SQL
- Adatta il livello di isolamento per bilanciare prestazioni e protezione
- Devi sapere quando e come impostare le transazioni, bloccare gli oggetti del database ed eseguire i backup

La transazione è uno dei principali strumenti di SQL per mantenere l'integrità del database. Una transazione SQL incapsula tutte le istruzioni SQL che possono avere un effetto sul database. Una transazione SQL viene completata con un'istruzione COMMIT o ROLLBACK: se la transazione termina con un COMMIT, gli effetti di tutte le istruzioni nella transazione vengono applicati al database in una sequenza rapida. Se la transazione termina con un ROLLBACK, gli effetti di tutte le istruzioni vengono annullati (ovvero annullati) e il database torna allo stato in cui si trovava prima dell'inizio della transazione.

In questo caso, il termine "applicazione" indica l'esecuzione di un programma (sia scritto in Java, C o qualsiasi altro linguaggio di programmazione) o una serie di azioni eseguite su un terminale durante un singolo accesso.

Un'applicazione può includere una serie di transazioni SQL. La prima transazione SQL inizia all'avvio dell'applicazione; l'ultima transazione SQL termina quando termina l'applicazione. Ogni COMMIT o ROLLBACK eseguito dall'applicazione termina una transazione SQL e inizia la successiva. Viene utilizzata la "transazione SQL" perché l'applicazione potrebbe utilizzare altri servizi (come l'accesso alla rete) che eseguono altri tipi di transazioni.

Una normale transazione SQL ha una modalità di accesso che è READ-WRITE o READ-ONLY; ha un livello di isolamento SERIALIZABLE, REPEATABLE READ, READ COMMITTED o READ UNCOMMITTED. È possibile avere più istruzioni SET TRANSACTION in un'applicazione, ma è possibile specificarne solo una in ciascuna transazione e deve essere la prima istruzione SQL eseguita nella transazione.

Se si desidera utilizzare un'istruzione SET TRANSACTION, bisogna eseguirla all'inizio dell'applicazione o dopo un COMMIT o ROLLBACK. È necessario eseguire una TRANSAZIONE SET all'inizio di ogni transazione per la quale si desiderano proprietà non predefinite, poiché a ogni nuova transazione dopo un COMMIT o ROLLBACK vengono assegnate automaticamente le proprietà predefinite.

Un'istruzione SET TRANSACTION può anche specificare una DIAGNOSTICS SIZE, che determina il numero di condizioni di errore per le quali l'implementazione deve essere preparata per salvare le informazioni. Un tale limite numerico è necessario perché un'implementazione può rilevare più di un errore durante un'istruzione.

L'impostazione predefinita SQL per questo limite è definita dall'implementazione e tale impostazione predefinita è quasi sempre adeguata.

Backup

Il backup è un'azione protettiva che il DBA dovrebbe eseguire regolarmente. È necessario eseguire il backup di tutti gli elementi del sistema a intervalli che dipendono dalla frequenza con cui vengono aggiornati. Se il database viene aggiornato quotidianamente, è necessario eseguirne il backup quotidianamente.

Anche le applicazioni, i moduli e i report possono cambiare, sebbene meno frequentemente. Ogni volta che si apportano modifiche, l'amministratore di database dovrebbe eseguire il backup delle nuove versioni e conservare diverse generazioni di backup.

A volte, i danni al database non diventano evidenti finché non è trascorso un po' di tempo. Per tornare all'ultima versione valida, potrebbe essere necessario tornare indietro di diverse versioni di backup.

Esistono molti modi diversi per eseguire i backup:

- utilizzare SQL per creare tabelle di backup e copiare i dati in esse.
- utilizzare un meccanismo definito dall'implementazione che esegue il backup dell'intero database o di parti di esso. Questo meccanismo è generalmente più conveniente ed efficiente rispetto all'utilizzo di SQL.
- La tua installazione potrebbe disporre di un meccanismo per eseguire il backup di tutto, inclusi database, programmi, documenti, fogli di calcolo, utilità e giochi per computer. In tal caso, potresti non dover fare altro che assicurarti che i backup vengano

eseguiti abbastanza frequentemente da proteggerti.

Potresti sentire i progettisti di database dire che vogliono che i loro database rispettino le proprietà ACID, di cosa si tratta?

ACID è semplicemente l'acronimo di Atomicity, Consistency, Isolation e Durability. Queste quattro caratteristiche sono necessarie per proteggere un database:

- Atomicità: le transazioni del database dovrebbero essere atomiche, nel senso classico del termine: l'intera transazione è trattata come un'unità indivisibile. Viene eseguita nella sua interezza (commit) oppure il database viene ripristinato (rollback) allo stato in cui sarebbe stato se la transazione non fosse stata eseguita.

- Consistenza: stranamente, il significato di coerenza non è coerente; varia da un'applicazione all'altra. Quando trasferisci fondi da un conto a un altro in un'applicazione bancaria, ad esempio, vuoi che l'importo totale di denaro in entrambi i conti alla fine della transazione sia lo stesso che era all'inizio della transazione. In un'applicazione diversa, il tuo criterio di coerenza potrebbe essere diverso.

- Isolamento: idealmente, le transazioni del database dovrebbero essere totalmente isolate dalle altre transazioni che vengono eseguite contemporaneamente. Se le transazioni sono serializzabili, si ottiene un isolamento totale. Se il sistema deve elaborare le transazioni alla massima velocità, a volte livelli di isolamento inferiori possono migliorare le prestazioni.

- Durata: dopo il commit o il rollback di una transazione, dovresti essere in grado di contare sul fatto che il database sia nello stato corretto: fornito di dati non danneggiati, affidabili e aggiornati. Anche se il sistema subisce un arresto anomalo dopo un commit ma prima che la transazione venga archiviata su disco, un DBMS durevole può garantire che, dopo il ripristino dall'arresto, il database possa essere ripristinato al suo stato corretto.